Volante verde

Edição apoiada pela Direção-Geral do Livro,
dos Arquivos e das Bibliotecas/Portugal.

REPÚBLICA PORTUGUESA

CULTURA
DIREÇÃO-GERAL DO LIVRO, DOS ARQUIVOS E
DAS BIBLIOTECAS

Volante verde

António Ramos Rosa

Título original: Volante Verde
© Herdeiros de António Ramos Rosa.

Edição:
Camila Araujo & Nathan Matos

Assistente Editorial:
Sérgio Ricardo

Revisão, Diagramação e Projeto Gráfico:
LiteraturaBr Editorial

Capa:
Sérgio Ricardo
Imagem utilizada na capa é de Ernst Haeckel

1ª edição, Belo Horizonte, 2019.

Nesta edição, respeitou-se a edição original.

Dados Internacionais de Catalogação na Publicação (CIP) de acordo com ISBD

R788c
Rosa, António Ramos
Volante verde / António Ramos Rosa. - Belo Horizonte : Moinhos, 2019.
112 p. ; 14cm x 21cm.
ISBN: 978-85-45557-90-6
1. Literatura portuguesa. 2. Poesia. I. Título.
2019-609

CDD 869.108
CDU 821.134.3-31

Elaborado por Vagner Rodolfo da Silva — CRB-8/9410

Índice para catálogo sistemático:
1. Literatura portuguesa : Poesia 869.108
2. Literatura portuguesa : Poesia 821.134.3-31

Todos os direitos desta edição reservados à Editora Moinhos
editoramoinhos.com.br | contato@editoramoinhos.com.br

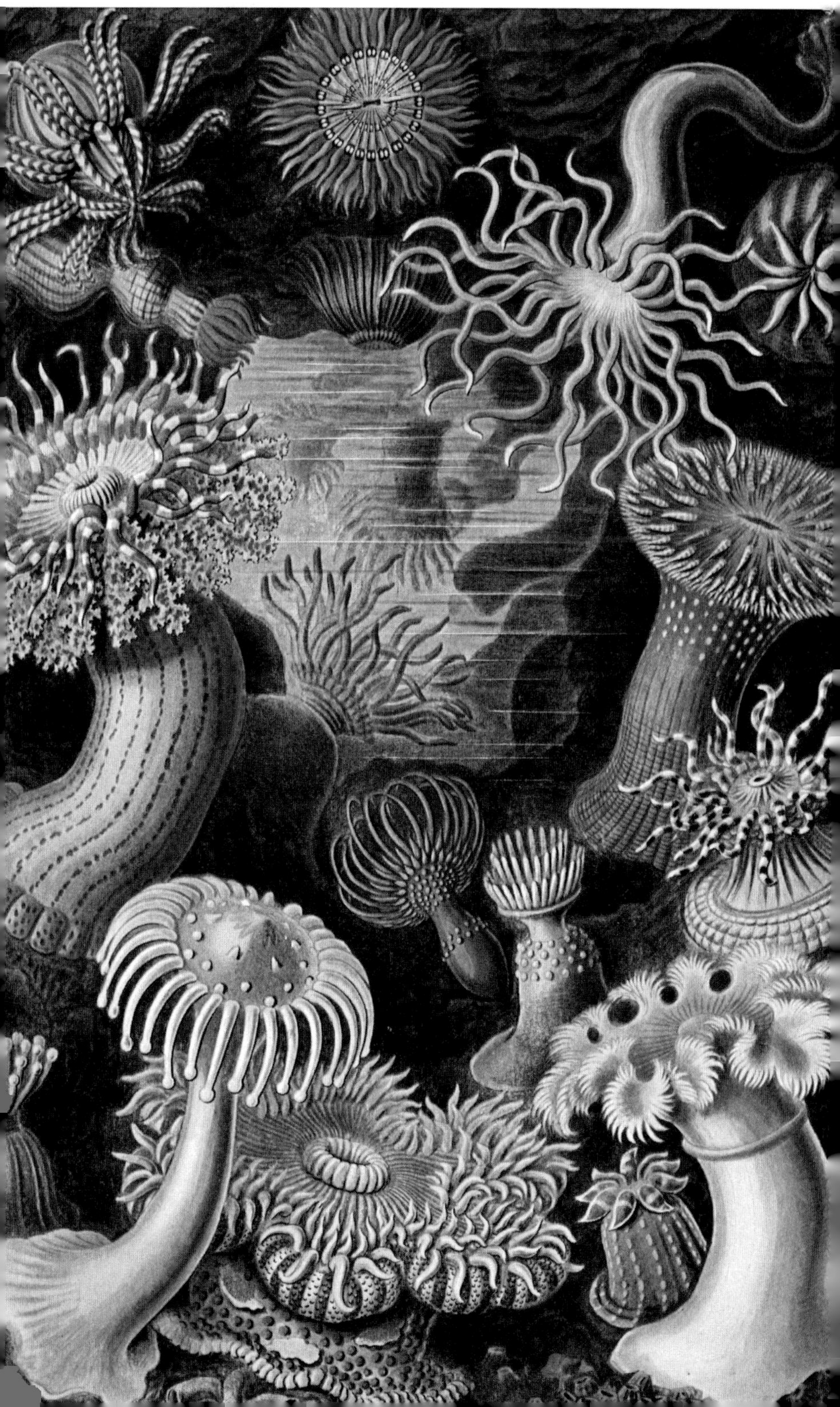

a Maria Irene Ramalho de Sousa Santos

Elle est retrouvée!
Quoi? l'éternité.
C'est la mer mêlée
Au soleil.
Rimbaud

De la contradicción de las contradicciones,
la contradicción de la poesía,
borra las letras y después respíralas
al amanecer cuando la luz te borra.
José Lezama Lima

Light traveled over the wide field;
Stayed.
The weeds stopped swinging.
The mind moved, not alone,
Through the clear air, in the silence.
Theodore Roethke

Fácil escrever

Fácil escrever na inesperada leveza.
As mãos e as sombras numa folhagem única.
Portas acesas. Anéis ou astros.
As bocas seguem as alamedas sinuosas.
Multiplicam-se as luzes do teu vestido de ervas.
Uma cabeleira no flanco das colinas,
carícias deslumbradas, silenciosas folhas,
linhas de um corpo, linhas de um rio frágil e minúsculo,
corolas de veludo e barro, corolas de água.
Um gesto dissipa as letras, levanta o silêncio ágil.
Reflexos, raízes na água transparente,
monótonos caprichos de semelhanças leves.
Ao acaso libertam-se sombras mais profundas.
O olhar agora está ligado à terra.
Um animal levanta-se entre as pedras com as pedras.

Corpo de argila

Aqui, para que se abram os poros na floresta.
Aqui o verde incendeia-se, os muros tornam-se aéreos.
Tudo é liso e nítido na grande folha do dia.
A terra mostra as fibras castanhas e vermelhas.
Um pássaro pousou algures na proa de uma pedra.
A ignorância, a inocência mais completa, mais nua.
Acaricio as lâmpadas do corpo vegetal,
sulcos que não conheço, portas leves e verdes
de uma casa nua, o aroma do sono,
os simples sortilégios que se lêem nas árvores.
Algo nos cria e nos liberta dos absurdos cercos.
Despertámos para tocar a boca esquecida pela noite.
Somos a folhagem e o espaço, somos uma garganta fresca.
As sombras aquecem-nos e as estrelas visitam-nos.
O meu corpo é de argila estou vivo e aceito o dia.

Viagem sem caminho

De um sim a outro sim, viaja sem caminho.
Com desertos de sombra, irmã viva do mar.
Adormece embalada, desliza adormecida.
De reflexo em reflexo, divaga entre a folhagem.
Escrevo através do calor das suas veias.
Ninguém te cercou de muros nem de abismos.
Danças, quieta, no mais lúcido delírio.
O teu grande mistério são beijos, são palavras?
Saborosa mulher que te espojas nas dunas
e acaricias límpida o sono azul do céu.
É contigo que danço nas varandas do vento,
solitária e transparente, mais viva do que nós.
Abolida e intacta, velada e límpida
circulas de arco em arco em voluptuosa festa.
As palavras que dizes dançam dentro do sono.

Figuras

Delícia dos movimentos calmos, ecos
talvez de um sonho, mas figuras tão vivas
com as suas espáduas largas e vazias.
Corpos sem sombras entre a chama e o vento.
Adormecem no ar, navegam sem navios.
Não vivem no mar mas na ausência que é o mar
quando a palavra o diz. Não estão no bosque
mas na folha que escrevo. Chega a noite das árvores
em que eles são no silêncio uma folhagem de olhos.
Não murmuram sequer, na mais pura cadência.
Escrevo a lentidão das figuras serenas
que respiram na tranquila nitidez aérea.
Os nomes dão-lhes vida sem caminhos prévios.
No vazio do desejo se acende o seu fulgor.
Estão no nosso estar de campos sossegados.

Sem segredo algum

Rodeio-te de nomes, água, fogo, sombra,
vagueio dentro das tuas formas nebulosas.
Como um ladrão aproximo-me entre palavras e nuvens.
Não te encontrei ainda. Falo dentro do teu ouvido?
Entre pedras lentas, oiço o silêncio da água.
A obscuridade nasce. Tens tu um corpo de água
ou és o fogo azul das casas silenciosas?
Não te habito, não sou o teu lugar, talvez não sejas nada
ou és a evidência rápida, inacessível,
que sem rastro se perde no silêncio do silêncio.
O que és não és, não há segredo algum.
Selvagem e suave, entre miséria e música,
o coração por vezes nasce. As luzes acendem-se na margem.
Estou no interior da árvore, entre negros insectos.
Sinto o pulsar da terra no seu obscuro esplendor.

Fronteiras não fronteiras

As fronteiras são estas não fronteiras.
No fundo, sempre, um elemento de negra exaltação.
Mas também o espaço, o círculo intacto
em que a beleza do mundo se oferece à superfície.
Imolam-se os sinais rígidos, arqueiam-se as hastes luminosas
e a fábula imediata brilha nas perspectivas.
O vento imita as árvores, o corpo imita o vento.
Onde está o fim das coisas? Livre, livre é o espaço.
Onde estamos é um movimento leve e rápido.
O que dizemos é uma vibração do mundo.
O sim das árvores e dos caminhos, o sim do vento,
o sim do corpo, o sim do espaço, o sim da língua,
são páginas e páginas de ar leve e de silêncio
e de um fogo que nasce, na imóvel velocidade,
em que se adere ao mundo como a um corpo amado.

A PALAVRA

A palavra é a cor que de súbito deslumbra
e cega, brancura da surpresa, surpresa
da brancura. Terra e vento, o espaço sem palavras,
o sopro que se alarga, lâmpada desagregada,
matéria de pálpebras, tremor de ombros.
Destruída, mas erecta, simples e negra,
rosto que se retempera na verdura das árvores
e busca o esquecimento aberto da presença.
Escrevo onde a palavra ainda não se diz
entre o desejo e a água, com a língua do vento.
A palavra volátil, a palavra densa, a palavra vazia
esvai-se. Só o acaso irradia algum suporte.
Chamo a mão vazia, adiro aos fundamentos
onde o ar começa e o solo ilimitado.
Na folha uma figura aparece com uma ferida aberta.

Figuras do ar e da terra

A língua liberta-se no silêncio e no espaço.
As graciosas folhas, as feridas nas colinas, os declives
incendeiam-se no azul. Alguma coisa se altera
subtil, inominável. Figuras do ar
enlaçam-se, dissipam-se, renovam-se.
É a hora da paixão das árvores e da inocência selvagem.
Entre o verde divisam-se flancos amorosos.
Uma espádua adormece na brancura dos murmúrios.
Sobre as coxas da terra caem as cascatas obscuras.
A vida ondula como uma árvore sob o sol.
Em suave indolência de seiva os músculos movem-se.
Respiram os contrários em formas simultâneas.
É uma fábula completa, é um país de silêncios.
Vibra, vibra o anel verde-negro da sombra.
Belo é o desejo e belo é o seu espaço.

Escrevo-te com o fogo e a água

Escrevo-te com o fogo e a água. Escrevo-te
no sossego feliz das folhas e das sombras.
Escrevo-te quando o saber é sabor, quando tudo é surpresa.
Vejo o rosto escuro da terra em confins indolentes.
Estou perto e estou longe num planeta imenso e verde.
O que procuro é um coração pequeno, um animal
perfeito e suave. Um fruto repousado,
uma forma que não nasceu, um torso ensanguentado,
uma pergunta que não ouvi no inanimado,
um arabesco talvez de mágica leveza.
Quem ignora o sulco entre a sombra e a espuma?
Apaga-se um planeta, acende-se uma árvore.
As colinas inclinam-se na embriaguez dos barcos.
O vento abriu-me os olhos, vi a folhagem do céu,
o grande sopro imóvel da primavera efémera.

ONDE A TERRA SERÁ BRANCA

Onde a terra será branca. Num domínio
oblíquo. A liberdade silenciosa.
Lábios iluminados. Dedos quase felizes.
Um volume verde, a narrativa quase exacta.
Espaço e corpo no interior das linhas.
Que suave aventura descansar dentro de um corpo!
Com o ouvido no vento, com o coração no escuro,
digo o nome do indizível, sigo um fluxo
de minúsculas coisas, uma música de insectos.
O ar tornou-se branco através do silêncio.
Como uma mulher aberta, o poema é um pomar.
A terra inteira resplandece como um fruto.
Tudo parece imóvel como uma árvore transparente.
O tempo abriu espaços entre os muros.
Somos a incessante luz na água azul.

Onde as águas

Onde as águas se sublevam inesperadas, brancas
num prodigioso silêncio. É a visão mais viva,
a mais violenta e mais suave, quase imperceptível.
Respiramos o ar na incandescência calma.
A boca desliza sem verdades, livre nas evidências.
A luz é vagarosa, vemos como animais
através da água. As coisas têm a cor do sangue
ou da sombra. Cada forma difunde o seu silêncio.
Todos os corpos são formosos como criações repentinas.
Respiro na corola imensa todo o azul aberto.
Tanto azul, tanta brancura! Aqui é um templo
natural. Tudo pulsa num nítido tremor.
Corpo com um odor a terra, corpo desperto, alegre.
Os ombros inclinam-se ao rumor da confiança.
As bocas iluminam-se nas lúcidas colinas.

Vejo o fogo

Vejo o fogo (os dedos e a sombra), vejo os caminhos,
a matéria das árvores. Bebo um rumor de abelhas.
Estou cego talvez, deslumbro-me, no deserto
sobre uma boca pura. Aqui durmo, aqui desenho
a felicidade da chama, as ondas e as pedras.
Na folhagem ascendo àquele poder intenso
que se deslumbra em delícia que roda até ao cimo.
O tempo doura o silêncio e a penumbra dos caminhos.
Entro por um país de minúcias transparentes.
Que é a distância agora? A perspectiva do gérmen.
Encontro-me no mundo, sou o ar que desce
alegre, o ar, o sol, o sangue. O corpo é tão feliz
que reina na extensão em transparência verde.
É o amor que bebe o fogo branco das colinas.
e que deslumbra e se deslumbra e acaricia e arde.

Entre pequenos tumultos brancos

Entre pequenos tumultos brancos, entre os cabelos do ar,
dentro de uma membrana verde, contra um peito redondo,
entre lâmpadas veladas, entre murmúrios do mar,
acaricio um corpo, uma árvore de argila,
ou a serpente do verão ou uma chama de vento.
A pedra pulsa no fundo, há uma escada que desce
para uma varanda branca. A terra volta a amanhecer
com a cabeça incendiada. Os barcos do vento
seguem entre as árvores, os armários do mar
soltam os seus pássaros verdes. Desperto transparente
e nu. Onde o abrigo? O abrigo do vento
é uma folha de vento. Quem se perde entre a folhagem,
entre as dunas, entre as ondas? Vou transformando a pedra
em bosque, vou abrindo os sulcos
das palavras em carícias de água libertada.

Maravilha imóvel

Ninguém responde, nada responde. Não, tu não existes.
E todavia conheço as tuas pausas, o teu ardor, as vogais
incandescentes. Contigo escrevo na água, permaneço,
vibro, ondulo. Dilato-me. Alcanço o solo.
A minha boca ascende lentamente fulgurando.
És tu o corpo já sem distância, sem fronteiras?
O informulável, inacessível, ausente já?
O olhar penetrou até ao fundo o corpo amado.
Múltiplas as figuras multiplicam o deserto.
Que palavras se incendeiam, que cinzas ainda ardem?
Tudo se consumou. A maravilha imóvel
é agora uma cabeleira apagada, e não o azul
e não o verde. E no entanto algo flui e continua.
Como se a mão tocasse as veias negras da figura
ou as veias brancas, o silêncio desenhado.

Imagem quase nula

Imagem quase nula ou tão sóbria e oculta
como uma lâmpada no dia, como uma folha entre as folhas.
Tenaz e fugidia, em subtis alentos
está e não está no seu domínio intacto.
Perfume obscuro do sangue do silêncio.
E todavia é clara, evidente e quase nítida.
Distrai-se no espaço, nos seus altos terraços.
Está talvez a meu lado gentil e sossegada.
Respiro sem o saber o hálito harmonioso.
Não há presença mais leve, nem há glória mais nua.
Entre os nomes e as árvores é um fulgor tranquilo
que anima as palavras simples e voluptuosas.
Entre ervas e saliva os sonhos são verdades
transformadas em madeira, em pedras, em insectos.
Nada se perde no sono das suas calmas sílabas.

As figuras do espaço

Mais próximo de uma simples coisa diminuta.
Um domínio interior de silêncio e frescura.
Vejo com nitidez os tímidos animais,
os pequenos buracos, as folhas vagarosas,
o ligeiro movimento da água nas veredas.
Na evidência da luz em sílabas aéreas
as formas naturais propagam o desejo.
O vento é um vagar, facilidade pura.
Estou numa onda serena e abraço todo o espaço.
Que raízes procuro, que obscura flor ainda?
O que nos diz a sombra, o que nos diz o silêncio?
São palavras aéreas? São as figuras do espaço
tranquilas e longínquas? Uma única boca para o vento,
uma sílaba clara, uma ressonância calma
em volúveis vogais na ausência dos caminhos.

OS PRESTÍGIOS SIMPLES

Conheço as palavras das árvores, as voluptuosas têmporas
das pedras. Toda a minha vida é um sono de árvores.
Vivo oscilando como uma simples coisa
na paz do espaço. Não pergunto às folhas
onde o país unânime. Sou uma chama do ar.
Oscilo na folhagem. Vibro entre mãos aéreas
sobre os sulcos dos insectos. Amo os simples
prestígios, os percursos leves, as sombras verdes.
Esta é a minha casa de pedras e de sol.
Esta é a minha firmeza suave, minha alegria nova.
Estou no meio do vento, sou uma haste solitária.
Bebo as sombras que deslizam numa volúpia aérea.
Dispo-me e sou um tronco, ou um ramo, uma figura da terra.
Adormeço e desperto para o júbilo do mar.
A boca encontra o seio da primeira harmonia.

Não sei escrever

Não sei escrever, oscilo no obscuro, a terra adormeceu.
Formas obscuras, ecos, sons, suspiros
e areias estéreis, o móvel sono do vento.
A calma completa do inerte sobre as pálpebras.
Vacuidade mineral sem vibrações.
Escrevo titubeante. Nada se move. Desço talvez
a uma sombra. Procuro minúsculos
prodígios, descubro insectos, pedras negras.
Onde o corpo errante? Que seja agora a folha
e o sangue verde, a pulsação do vento.
Escrevo, não sei escrever. Nada tenho a dizer.
Respiro algumas vezes. Respiro. É uma nuvem
incandescente na folhagem. É um espaço fundo e plano
e alto. O corpo inteiro na claridade azul.
Não está comigo agora e é um planeta branco.

O CORPO FUGITIVO

Avanço ou não avanço. Nada muda.
O fulgor de um animal furta-se aos sinais.
Violentos raios sinuosos, pulsações
de uma trama verde ilimitada.
Separar. Dizer. A noite cintilante.
O sopro incerto prepara um outro corpo
na deriva do fogo que corre em águas negras.
Vegetais se desenham as manchas mais escuras.
Em traços verticais compõe-se a transparência.
De uma frase a outra respiro o ar da ferida.
Membro a membro toco o corpo que inicio
no desejo de chegar ao vivo, num trabalho líquido.
É o mundo que se esvai, o corpo fugitivo,
todo o amor nos olhos claros se incendeia,
a altura arde, a nudez é imensa.

No centro da aparência

Repousa no espaço de um olhar. O ar dança na rua.
Sombras e ruídos. As árvores têm uma idade clara.
Vagarosa persistência, a alguns metros do solo.
O enigma está vivo no centro da aparência.
Uma criança designa o mar. Alguém traz uma folha.
Alguém compreende a sede de uma pedra?
Quem estuda a felicidade? Quem define um jardim?
Que linguagem é a do espaço? O que é o sal da sombra?
Esquecemos a linguagem do vento e do vazio.
Nunca houve um encontro. Quando será o início?
Vejo a folhagem e os frutos da distância.
Olho longamente até ao cimo da ternura.
Vivo na luz extrema em todas as direcções.
O pequeno e o grande conjugam-se, consagram-se.
Canto na luz suave e bebo o espaço.

UMA MÃO VAZIA

Uma mão vazia que poderia ser, um deslize
que multiplicasse os arcos e as figuras
transparentes. Um sopro da paisagem, um erro
dilacerante e puro, um perfume, um segredo.
A vida ampliou-se sonâmbula sob o vento.
Ninguém divide o rio: evidências, enigmas,
libertam-se na folhagem em animais do ar.
Ó antigas ervas, amadurecidas pedras, cores
nunca sonhadas tão simples, ó lisa confiança!
Tão suave, tão imensa a onda nupcial!
Alguém escreve? Alguém saberá dizer as adivinhas
cintilantes, os murmúrios, as móveis manchas
de um só corpo liberto em clara confluência?
Nenhuma palavra diz a alegria do vento.
Esta é a terra nua da nossa identidade.

Um corpo vegetal

Um corpo vegetal repousa, um corpo de sossego
em leves impulsos, em silêncio e cor.
Óleo sobre os lábios, penumbra, júbilo. Lâmpadas e muros.
Este é o instante branco dos imóveis relâmpagos.
Vagueio entre ondas amantes, entre dedos e folhas.
Sou um viajante em núpcias com a sombra
e com a luz. O mundo não sonha. Sonho eu as coisas?
O mundo amoroso sinto-o nas paredes, na inocente vertigem,
é sempre um corpo unânime que murmura na folhagem.
Num frenesim disperso abraço esguias formas.
Os meus companheiros são vagabundos ténues, inocentes selvagens.
Que plenitude vazia, que viagens tão leves!
Não outro mas o mundo das antenas amorosas.
Formas insubmissas, formas felizes, formas vivas
que o olhar bebe num sossegado assombro.

O OBSCURO

Porque o obscuro cresce e cresce em ambíguas sombras,
porque a folhagem sobe já os declives, porque a boca
respira a árvore obscura, porque o suave clamor
das sombras se propaga no nocturno espaço.
Frases, que possíveis frases imediatas e seguras
oferecem os arcos da tranquilidade luminosa?
Onde a ternura e o perfume, onde o pulso
amoroso que navega na aragem?
Quando poderei consumar-me na certeza do espaço?
Algo oscila em mim como uma folha, algo diz sim.
É uma corrente de ar brilhante, é um lugar que emerge
de obscuras veias. Que leveza no vento! Estou no meio do espaço.
Oiço os murmúrios do sol. Saboreio o que sou.
Sou renovado pelo espaço, nasço num espaço verde.
O que eu amo está perto entre a terra e o ar.

Nudez

Toquei um nome quando a luz amanhecia.
Era uma ferida menor do que um suspiro.
Ondulava um campo, um luminoso mar.
Nada podia faltar porque as palavras o diziam.
Imediata era a sede, o coração na espuma.
Cheguei e era o espaço, a suave inteligência
de um corpo. Eram pálpebras e lábios.
Era um pássaro, o pulsar de uma pedra, os dedos
como um sopro cálido, o vento nos cabelos.
Era leve a nudez e a frescura da sombra.
Nasci dormindo, sonhando, abrindo os olhos
num pleno descanso transparente. Conheci
a realidade completa do desejo, o diamante
da água. Voluptuosa, a folhagem estremecia.
Eu adormecia a teu lado como um puro esquecimento.
Tu erguias-te da penumbra vegetal. Uma mulher
nasce sem cessar. Tu ardias na aresta azul
do horizonte. Um pássaro cantava
no centro de uma árvore. Eu vibrava
numa terra imóvel, num país imenso.

Falo de um desequilíbrio

Falo de um desequilíbrio gracioso
de um corpo. Linhas que se desagregam quase
unidas, na violência da sombra, por um raio de sol.
Pressinto a terra da minha sede, a terra do meu desejo,
escura, saborosa. E falo aqui da noite
e da figura frágil que eu amo, o seu espaço
que ignoro, o seu quarto intacto, o seu odor de rapariga.
Estes traços são negros como árvores. Uma parede
abriu-me os olhos: vejo linhas que dançam e brilham,
segredos que cintilam, sopros cegos, vocábulos da terra.
Oscilante, sempre, uma figura está entre as árvores, triste.
Que sei eu destas pétalas, destes pulsos, desta água?
Há uma felicidade fulgurante na sua nostalgia.
Eu desejo as palavras das suas fibras, a saliva da sua língua.
Desejaria habitar o seu caminho, bater à sua porta.
Eu não pertenço a nenhum reino, sou uma árvore
que não sabe ser imóvel para estar em tudo.
Sou esta mão que procura as evidências mais simples.
A figura amanhece entre oblíquas brisas, solitária.
Nada obscurece o canto da água nem as mãos antigas.

Encontro no vazio

Apenas uma luz ínfima num verde subterrâneo.
A textura mais secreta, o esplendor inerme.
Um corpo, um corpo ainda suavemente amoroso,
mas em ruínas, em cal, em transparência vazia.
Uma esfera partida em ombros e cabeças,
em volumes exíguos, em palavras esquecidas.
Tudo se perdeu no vazio, tudo se encontra no vazio.
Intacta é a matéria materna, a nocturna folhagem.
Fragilidade da montanha, aérea a brisa subterrânea.
Que idade recomeça no princípio da música?
Uma cálida cabeça ama as folhas de mercúrio
e sombra, a pausa harmoniosa, a linha de equilíbrio
e de repouso. Lentamente tudo se desloca
para uma luminosa boca de água e pedra.
Ó delicada pele, ó melodia nua do vazio!

A COISA SEM NOME

Um disco de uma negra densidade,
a coisa sem nome, irradiante embriaguez.
Terei tocado a sombra, a sequiosa luz?
Vibro no vazio do vento, vivo com as pedras,
em ondas oscilantes, entre pequenas ilhas.
Uma coisa germina, volúvel, subtil,
da guerra silenciosa à silenciosa música.
Um tranquilo relâmpago, um gesto da paisagem.
Ainda não um nome. Uma dança. Um desenho.
Uma poeira de ferrugem na água transparente.
Este é o lugar do meu desejo, na leveza
de uma estrela. O obscuro liberta-se em miríades
fosforescentes. As linhas cantam ao primeiro álcool
da respiração. O corpo completa-se
no vermelho sono de uma vibrante folha.
Aniquilado, vagaroso rosto, que se forma no centro
da folha inicial. As pedras ouvem, o arbusto vê.
O mar, não uma lâmpada, acende a mão deserta.
Ninguém separa já a palavra dos meus dedos.
A presença é o esquecimento no seio do abandono.

TANGÊNCIA NO CENTRO

Até à terra, sem me inclinar, inclinando-me,
a cabeça idêntica ao solo circular,
lenta velocidade num fundo indefinido,
relação de folha e língua e pedra e água
e ar, leve tangência de um imenso sopro.
Cheguei a um silencioso, a um suave centro.
Desperto um fogo errante em minúsculas crateras.
Estou isolado, aberto a uma vida repentina.
A minha boca é incestuosa, os meus lábios verdes.
Há vozes submersas, há palavras que requerem
a visão das pálpebras. Sinto-me ligeiro
como um pequeno peixe, uma coisa vagarosa.
Feliz, feliz, na frescura das veias, nos músculos libertos.
Ouço as flores bebendo luz, ouço o esplendor
absoluto. Como saberei cantar no grande círculo móvel?
Lugar de aroma e claridade e de palavras,
o ar e a água e o fogo, o murmúrio essencial.
A primavera ascende com uma leveza de sílaba.
Tudo oscila em hastes e flores e folhas.
Suave fulguração de horizonte a horizonte.

Entre duas páginas

Aqui as palavras chegam ou não chegam.
Entre duas páginas ninguém dorme, ninguém morre.
Apago com a tua pele a pele do muro.
Estou rodeado de indícios silenciosos.
Leio axilas, pedras, dorsos, mãos.
Há uma pedra enterrada na carne ou uma árvore.
Apunhalo um punhal que não se apaga.
Repito com um lábio o que o outro cala.
Escuto o rumor de feridas que não sangram.
Não canto a luz na pedra fecundada.
Queria dizer, queria dizer a nudez da tua pele,
os ventos afectuosos, a chuva nos teus ombros,
queria tocar, queria tocar-te, queria encontrar-me,
queria saciar a sede que inventa tantos nomes,
queria libertar a língua e ser o mundo.

Os campos paralelos

Que chuvas despertam os campos paralelos?
Onde a pátria do corpo, a pantera do ar
delicioso? A realidade apaga as suas lâmpadas.
Resta uma estrela sem fogo, o abismo das moscas.
O corpo compreende o que significa ser corpo?
Num crepitar de gozo, sobre a impassível superfície
branca, inclino-me para a chama que se levanta
como um pássaro vigilante. Todas as feridas se iluminam.
Surgem formas nos seus nítidos contornos sossegados.
As corolas do ar voltijam num súbito esplendor.
Sei onde aguardar agora amorosamente
o barco que passa para o outro lado do rio.
Quero levantar a casa transparente sobre a água.
Quero conhecer o ar e o sexo de relâmpago
e barro. Quero ser um sopro da unidade perdida.

OMNIPRESENÇA IMEDIATA

Ela é nuvem, omnipresença imediata,
a mais viva, a mais próxima, imperceptível,
sem contornos e sem caos, a mais antiga
e a mais nova, em suave movimento,
omnipresença do ar, infância leve,
profusão inicial que o olhar não capta,
sempre feliz e aérea, mas quem a vê, quem a demora?
Ó atenção inocente e amorosamente desarmada!
Todos os vivos se inspiram deste sopro que ilumina
e que consagra o solo antes que os deuses cheguem.
E todavia, nenhum abrigo. Imprevisível, livre,
não ouve de nenhuma boca o seu caminho.
Não força nenhum obstáculo, obedece à gravidade
de forças puras. Amplitude sem reserva,
o seu canto irriga obscuramente o mundo.

Vibrar

Vibrar a superfície de um bloco. Dizer
a aspereza da pedra, a calma recompensa
da matéria nativa, os ritmos simples
da terra, do mar, do vento. Os frémitos
do solo, a realidade múltipla do imediato.
Acolhe, aceita o húmus primeiro do mundo.
No acaso da escrita, a necessária equivalência.
Energias latentes do universo em ressonância.
Sinais da dinâmica interna, submissão livre,
união infinita na liberdade do ar.
Diz a palavra muda das trevas donde veio
a pedra, músculo imóvel, sempre fértil,
diz a rudeza e o esforço e a inocência
em que perdura, diz ao rés da terra
o itinerário minucioso das formigas.

Encontro

Tu te ofereceste aberta como eras
no sentido da dança, do fogo e do mar,
ergueste-te do fundo até à praia lisa
rodando em círculos de luz e ondas
no ar de uma asa imensa e transparente.
O vento conduzia-te devagar, seguindo
o teu desejo. Com que descanso pleno!
Eu descobria-te em luminoso movimento
porque tu eras a minha forma e o meu mundo,
o caminho enrolado em suas ondas curvas.
Vinhas despertar a encantada noite
e a alta música, o fundo do oriente.
Abolindo, começando na hora mais redonda
a fábula mais intensa que nasce do desejo,
ó mais completo sonho, ó maravilha viva!

NA DISTÂNCIA SEM DISTÂNCIA

A fluidez permanece na distância sem distância.
Alguns sulcos se curvam, as palavras dissolvem-se
no ar cintilante. São lábios que imaginam
ou que bebem as vogais do silêncio? Livre amplitude
será a morte na vida? Será a estrela do ar?
Toco o fundo e o cimo plano e sou secreto e liso,
circulo na suave nebulosa entre pequenos arbustos
e os nomes todos são brancos entre as águas incessantes.
Há uma casa incompleta que avança para mim.
Estou à beira. Escuto. É todo o mar que em mim ressoa.
Vigilante do ócio nas águas do olvido,
contemplo os jardins móveis e as linhas luminosas
e na dolência dos arcos a inteligência da tristeza
até onde a luz se alonga em lucidez antiga
e tudo está em si porque as próprias sombras amam.

Nuvens

Encantei-me com as nuvens, como se fossem calmas
locuções de um pensamento aberto. No vazio de tudo
eram frontes do universo deslumbrantes.
Em silêncio vi-as deslizar num gozo obscuro
e luminoso, tão suave na visão que se dilata.
Que clamor, que clamores mas em silêncio
na brancura unânime! Um sopro do desejo
que repousa no seio do movimento, que modela
as formas amorosas, os cavalos, os barcos
com as cabeças e as proas na luz que é toda sonho.
Unificado olho as nuvens no seu suave dinamismo.
Sou mais que um corpo, sou um corpo que se eleva
ao espaço inteiro, à luz ilimitada.
No gozo de ver num sono transparente
navego em centro aberto, o olhar e o sonho.

Um discurso transparente

Avanço através de um caos silencioso.
Nem um som nem uma sombra. É uma lenta descida.
É vazio o princípio do princípio. Solipsismo.
A possibilidade de nascer é o desejo que nasce.
Esquecer, viver. Tudo dizer em evidências brancas.
Com as armas mais puras, com a luz das minhas ervas
enuncio a fragrância de uma lâmpada. Comovo-me
com a água do poema. Crianças de cor solar
acenam em campos silenciosos. É suficiente estar aqui
mais além de todo o lugar, na superfície nua.
Habito agora o movimento do meio-dia.
Inesgotável um campo tão contínuo.
O sol fixou-se na corola do tempo, o espaço é puro.
O mar levanta-se do fundo até aos seus limites.
Um discurso flui completo e transparente.

Um país, um poema

Um país se delimita nas mudanças do vento.
Labirinto ou fábrica de espumas sempre aberta.
Sinuosas continuidades, dunas de pensamento,
por vezes um abrigo, ninho de primavera,
por vezes um polvo ardendo nas areias.
Sobre uma espádua escrevo e no tremor de um corpo
cintilam os animais. Este é o âmbito destinado
em inteira nudez de forma e vida.
Desperto estou em ti movido pela luz
numa terra imóvel, liso como uma folha leve.
Um país se delimita e são vocábulos e pedras,
maciços obscuros, pátria de tantos rumores,
lenta germinação de lâmpadas de terra.
Um poema oculta a metáfora de si mesmo
no seu sopro e em nenhum saber culmina.

Uma ternura nova

Nenhuma pulsação. A poeira sobe lentamente
até ao pulso. Não posso produzir a luz de um corpo.
Ninguém me oferece imagens neste barco sombrio.
Imagens? Variações constantes, imprevisíveis curvas.
Um desvio ou uma interrupção pode gerar um mundo.
Nenhuma voz no vento. Que linhas de delícia
pode o barco seguir? Como se erguessem arcadas
com o aéreo sangue. A beleza consumada.
E a figura mais fresca oscila na colina.
Pedras e folhas, rumores, fogos acesos, poros que respiram.
Que essência mais terrestre que a desta mão escura?
Ela é o nome que eu tive antes de ser e a casa.
Ninguém me acolhe, ninguém me vê, mas eu acolho
a ternura nova que encontrei no campo mais subtil
que é nada e nada e floresce no vazio azul.

O JARDIM

Consideremos o jardim, mundo de pequenas coisas,
calhaus, pétalas, folhas, dedos, línguas, sementes.
Sequências de convergências e divergências,
ordem e dispersões, transparência de estruturas,
pausas de areia e de água, fábulas minúsculas.
Geometria que respira errante e ritmada,
varandas verdes, direcções de primavera,
ramos em que se regressa ao espaço azul,
curvas vagarosas, pulsações de uma ordem
composta pelo vento em sinuosas palmas.
Um murmúrio de omissões, um cântico do ócio.
Eu vou contigo, voz silenciosa, voz serena.
Sou uma pequena folha na felicidade do ar.
Durmo desperto, sigo estes meandros volúveis.
É aqui, é aqui que se renova a luz.

O CRESCIMENTO ESCREVE

A trama é verde num clima de brancura.
O crescimento escreve. Como uma flor se forma
em eficaz simplicidade. A energia é lenta
de uma lentidão silenciosa. Somos um fragmento
de um obstinado discurso de brancos arabescos.
Matéria porosa, transparente. Eclosão de torsos
sumptuosos, delicados. Génese violenta, límpida
dos corpos. Lisas, flexíveis, insinuantes formas.
O olhar vê e adere e escreve as carícias voluptuosas
deste caminho silencioso. Em fogo, em água, em terra
e ar. Que multidão tão branca e nua,
que exuberância calma, que prodígio aberto!
A afirmação do fundo é evidência aérea.
A luz nasce da água, tudo está suspenso,
as figuras dançam no círculo do princípio.

O ABRIGO

Enigma vivo, avança na busca impenetrável
sobre o abismo ou sobre a maravilha. Só há um movimento
de descida à nascente. Vivo, eu vou também
para o lugar que me aspira, verde coincidência
de um abrigo que é espaço de descanso e de encontro.
Estamos no fundo incessante, na espessura materna
da figura submersa em profusão harmoniosa.
Ela não é ainda real, mas já é um ritmo, uma cintilação,
o fulgor de uma folha, um queixume exultante.
Que movimentos lentos, que pensamentos suaves!
Alguma vez se abriram as portas do início?
Uma voz se eleva entre o pressentido e o sentido.
As frases não se distinguem das sílabas da folhagem.
O que não cessa apaga-se e desaparecendo nasce.
A água adormece. A sombra declina.

Completo no ar

Quando surge, substância subtil em rotação
de oferta, abre-se no rumor um espaço de silêncio.
Ponto imóvel. Luz branca. Incandescência.
O alento esqueceu-se de si e prolonga-se na luz.
Completa no ar é a realidade do desejo.
São lábios, são sementes, são dedos sobre o pólen?
Aprendemos a leveza das pétalas, o peso dos insectos.
A visão move-se, a lentidão é beleza.
O pensamento despiu-se e flui como uma onda.
O corpo revela a sua frágil, líquida, obstinada
violência. As coisas vibram, nuas,
incandescentes. Todas as nuvens ardem
azuis, vermelhas, brancas. No centro está o diamante lúcido.
Tudo abstraio até onde começa a transparência.
O poema apaga as letras e depois respira-as.

Violenta no obscuro

Por ímpetos de acaso tacteias o obscuro
violentamente nua na loucura das sílabas.
Com a agilidade do vento atravessas florestas
e torrentes. Num branco turbilhão te envolves
até te confundires toda com a areia
e a água. Não tens ainda um rosto, não inventaste
o rosto. Teus ombros acordam e devastam.
Propagas-te sem caminhos na fúria do desejo.
Entre pastores obscuros fertilizas a distância.
Sobes à tua sombra, mais vermelha do que nunca.
Em tuas formas de fogo e sangue e sémen
segues uma ordem secreta, uma coerência natural.
Quem poderá dizer, dançando como danças,
como vais terminar? Tu principias sempre.
És o corpo inesperado que se abre a todo o espaço.

Escrita ou corpo

Ele prepara os incertos lugares. Escreve
o que escreveria um réptil pulsando sobre as pedras.
Segue a linha do braço da mulher até ao obscuro
lábio. Penetra na musgosa gruta
incandescente. Que perfume ancestral,
que orvalho ardente! Ele aprende a suavidade
da sombra e a luz de um aroma. É uma escrita
de voluptuosas armas nas páginas do vento.
Quando a pedra encontra a transparência
ou a transparência se tornou uma pedra,
abre-se o espaço das palavras que nós somos.
Monotonia alegre de uma serpente de água.
Que insensatez tão certa, nada começa, nada acaba.
Quantos astros cintilam sob as pálpebras!
Quantos barcos se acendem na folhagem!

O CÍRCULO CEGO

Uma linha expressa a cor e o som
das suas células. As palavras são pétalas
de pedra ou gotas do espaço. A chuva
levanta o mundo. Não há conhecimento
que mereça o nome do mais obscuro ruído.
O universo é mais lento e mais intenso.
Obscura luz obscura. Pirâmides de sombra.
Falamos com a respiração encerrada numa pedra
para que não se rompa o círculo cego.
Guia-nos a suave mão do vento.
Na brancura rápida há um tremor de gérmen.
Somos feridas vibrantes num jardim de veias.
Tocamos o rosto do ar e a suave lua de areia.
Uma aranha branca desenha um arco minucioso.
Esta é a pequena fonte junto a um arbusto resplandecente.

Perdi o nascimento da árvore

Perdi o nascimento da árvore. O acaso
chove sobre as minhas páginas brancas.
Quero apertar a argila entre os meus dedos,
possuir a madeira, o sal, o vidro, o fogo.
Quero ouvir a canção que é uma ilha de chuva.
Escrevo. Uma música hesita entre ser água
ou espaço. Uma palavra cinge a luz
do ar. Uma folhagem abriga o rosto.
Descanso como a água inteiramente em si mesma.
Aqui é a redondez de um aroma de silêncio.
O tempo que leva uma sombra a cair
é uma evidência que abriga obscura e leve.
Cerimónia pura em lugar tão aberto.
Que sede de água com as mãos ardentes!
Cai o corpo no corpo e o silêncio no silêncio.

Onde li eu os amplos caminhos

Onde li eu os amplos caminhos, os carros
de madeira perfumada, os bois obscuros,
os brancos cavalos? Onde li os jardins
das mulheres e dos pássaros nocturnos, dos sussurros
marinhos? Como se alguém tocasse suavemente as nuvens.
Como se alguém unisse num abraço ligeiro
o esquecimento e as formas, o negro interno
e a brancura exterior. Um planeta vibrava.
Não sei que dia foi, não sei que nome tinha,
era um jardim, ou talvez uma casa, o mar, um monte.
Tu preenchias o círculo completo, totalidade limpa.
Acordavas sorrindo em segurança clara.
Quantas arcadas brancas na tua dança viva!
Que maravilha despertar ou adormecer contigo!
Que intensa luz de sombra, que rotação imensa!

A LEITORA

A leitora abre o espaço num sopro subtil.
Lê na violência e no espanto da brancura.
Principia apaixonada, de surpresa em surpresa.
Ilumina e inunda e dissemina de arco em arco.
Ela fala com as pedras do livro, com as sílabas da sombra.
Ela adere à matéria porosa, à madeira do vento.
Desce pelos bosques como uma menina descalça.
Aproxima-se das praias onde o corpo se eleva
em chama de água. Na imaculada superfície
ou na espessura latejante, despe-se das formas,
branca no ar. É um torvelinho harmonioso,
um pássaro suspenso. A terra ergue-se inteira
na sede obscura de palavras verticais.
A água move-se até ao seu princípio puro.
O poema é um arbusto que não cessa de tremer.

Esta lacuna

Esta lacuna à qual adiro, mais próxima do que a mão,
e que se estende branca, interrompida, aberta,
semelhante aos lábios. Serão palavras, serão pedras
as formas que diviso antes de qualquer caminho?
São figuras do ar, são evidências do ar?
O fogo dissimula-se no espaço, o fogo pronuncia
espaço. Volúveis os dedos oblíquos
seguem um sinuoso rosto. Avançam e separam
até que o sol e a terra se confundam
numa densa folhagem verde e silenciosa.
Na frescura das volutas é o vazio que respira
sem suporte e sem espessura. Tudo se obscurece
ou ilumina. Abro os olhos no centro.
Amo tudo o que é vivo, falo às pedras e aos ramos.
Perco-me e encontro-me na leveza do desejo.

A MULHER FELIZ

Está de pé sobre as brancas dunas. As ondas conduziram-na
e os ventos empurraram-na. Está ali, na perfeição redonda
da oferenda. E como que adormece no esplendor sereno.
Diz luz porque diz agora e és tu e sou eu, num círculo
só. Está embriagada de ar como uma forte lâmpada.
É uma área de equilíbrio, de movimentos flexíveis,
um repouso incendiado, a vitória de uma pedra.
Abrem-se fundas águas e um novo fogo aparece.
Que lentas são as folhas largas e as areias!
Que denso é este corpo, esta lua de argila!
Nua como uma pedra ardente, mais do que uma promessa
fulgurante, a amorosa presença de uma mulher feliz.
Nela dormem os pássaros, dormem os nomes puros.
Agora crepita a noite, as línguas que circulam.
Crescem, crescem os músculos da mais íntima distância.

O QUE DESIGNA O DESEJO

O que designa o desejo, os primeiros dedos da água,
as colinas redondas, o orvalho sobre o seio,
alguma vespa febril, esguias formas nuas,
um animal, uma onda ou sucessivas ondas
de esfera em esfera e em espiral subindo.
Terrível turbilhão, prodigiosa dança
em que a energia se expande em oceanos de espaço
e os relâmpagos são lábios ou folhas que se alongam.
Que ligeira espuma nos dentes, que brisas tão marinhas,
que oscilantes planetas, que perfeitas carícias!
O ardor da terra canta a capacidade de estrela.
Palavras, mas só redondas pedras, corolas
de sangue, lâminas, ombros, garganta,
veias. Os cavalos remotos libertaram-se.
São longos os campos de seda acariciados.

A CONSTRUÇÃO DO POEMA

A construção do poema é a construção do mundo.
Não símbolos, não imagens, simples criaturas
do ar, evidências obscuras, enigmas luminosos,
as formas do vento, os silêncios do sono.
As palavras são impulsos de um corpo soterrado.
Uma condição de alegria no vazio sensual
que se desenha concreto na bruma vagarosa.
Letra a letra, desfibramos o coração do sol.
Vemos numa torre do vento uma árvore balouçando.
Vivemos no ócio da sombra mais materna.
Talvez o poema seja uma pequena lâmpada
solitária ou um branco sortilégio, o prodígio
que restabelece a verde transparência
de um mundo imóvel, ou só uns fragmentos
obscuros, uma pedra clara, um hálito solar.

O corpo desenhado

Talvez a linha se acenda e continue
ondeando a página e sendo nós só margem
de um domínio onde fulge a inocência,
talvez se revele a transparência inicial
em que a luz de estar a ver seja a palavra mesma.
Vêm figuras que se espraiam e crescem
até serem apenas ondulada memória.
Adensam-se outros corpos e enterram-se no fogo.
As linhas enovelam-se num delírio exacto.
A alegria ilumina penumbras de volumes.
Em tensos membros lúcidos e redondos
move-se o desenhado corpo ligeiro
e lento. Aumenta a densidade até ao centro
de um deus que diz o esplendor silencioso.
Ou só o ar ondeia num planalto de vento.

Terraço de alegria

Há um terraço de alegria onde desperta
o corpo do sono e onde se amplia
a substância do vento e a nua perfeição
de estar a uma mesa aberta ao horizonte
e em volta unânime a vegetal frescura.
Tudo apresenta campo ao corpo ardente
que em seus meandros busca o coração
do jogo cintilante e vivo. Uma estria
vinca-se ao ritmo da distância lúcida
que no centro se abre em transparência azul.
Inebriada a inteligência singra a superfície
em que se esquece e esquecendo-se respira
as pausas da residência imóvel da alegria
que habita como se fosse a história viva
que está suspensa e no entanto principia.

A FORÇA ALEGRE

É alegre a força que ainda não tem sinal
a não ser o veludo de um gesto sem ruído
e alta e animal se eleva no seu curso
e no lúcido furor de uma clara onda
se distende e enrola na vibração do vento
que lhe arredonda o sangue na festa rapidíssima
que não se inventa ou inventa na surpresa
da evidência viva à superfície lúcida,
e musical, eléctrica, constrói volume e linha
e espaço. Espraia-se ligeira a formosura
em transparentes paisagens que estremecem
tão altas e lisas que se espelham
em repouso de sombras e azuis. E qual
um voo oculto no silêncio, um círculo calmo
resume em si a inércia feliz do movimento.

Visão

Leve, tão leve que nada mais seria
que ar e luz e a poeira que dançava.
Era o espírito da terra ou o espírito do ar
em graciosa chama, em animal delícia,
flor vertiginosa que dissolvia o mundo
no prodígio da leveza e na penumbra branca?
Uns dedos subtis desenham a rapariga
que na pedra está rindo ébria e cintilante.
A substância de tudo revela-se transparência
e são os nomes da luz ou a luz já sem nomes.
Estamos perto da terra com os seus ombros
e as suas veias latejantes. Como tudo se incendeia
na ligeira violência da visão! Somos sílabas
de uma folhagem luminosa, somos uma pulsação
clara e quase cega da matéria feliz.

A DIFERENÇA DE UM OUTRO CORPO

A diferença de um outro corpo que erra
e ensombrece e arde e inicia longe
o perto transformando em residência fulva
subindo as fluentes margens do silêncio
onde as veredas e as clareiras se iluminam.
Nada se diz que não seja a vibração idêntica
do espaço e o sono aéreo da folhagem.
A indivisível, a inapreensível salamandra
dorme sobre a pedra verde. É o encontro
da obscura luz que vai abrindo arcadas
vermelhas. No tremor das árvores, no rumor das águas
um movimento de palavras e de folhas se conjuga
e se dispersa nulo na espiral nocturna.
Mas o que se desvanece retorna, lâmpada ou chama branca
ou o animal que escreve com a boca cintilante.

Escrevo para o teu corpo

Escrevo para os teus olhos errantes, para o teu corpo
nupcial. Sou um incerto insecto num vaivém
de sílabas nuas, espessas. Reconheço-te no vinho
e na pedra. Amo o teu grito de árvore,
amo o móvel repouso das tuas veias escritas.
No tumulto do solo vejo os anéis de musgo,
as bocas circulares, as artérias brancas,
as estridências verdes, voluptuosas estâncias,
obscuridades côncavas, sedosas
pausas. Tudo se desenha na claridade
verde. É o barco da terra,
o campo da espessura incandescente,
o fundo completo da ausência respirada,
a sombra que incendeia, a redonda
e nocturna transparência.

O LEITOR

Alguém diz procura, procura a ligeireza
e o repouso das árvores, a água das vogais.
Afirma e nega a noite, abre e cerra os olhos,
vê as brilhantes partículas de poeira.
Reconhece os sentidos, os cintilantes livros.
Cálida respiração de uma colina, óleo
da lua na alcova das pálpebras, olho
que dissolve os espelhos, que abre a boca
das grutas: aparição sem nome
de alguém que é apenas sombra e folhas.
Não há ninguém no quarto subterrâneo,
ninguém, ninguém, ó caracol dos ecos,
ninguém a não ser esta lâmpada sonolenta,
esta escrita dos teus olhos viajantes
nas páginas onde cai a oblíqua sombra.

A CASA DO MAR

Esta é a casa na areia incerta e fresca.
Um rio a atravessa no coração dos nomes.
Quantas pedras sólidas, quantas arestas vivas!
Enlaço-te na frescura das folhas que estremecem.
Nas cavernas de sombras há um odor a chuva e vento.
Uma sílaba no silêncio, uma sílaba vermelha
como se o coração batesse no coração da noite.
Quantos rostos habitam uma só face imóvel,
quanta invenção de espuma nas bocas distraídas!
A minha pele grita o ardor de uma frase única.
Cada coisa cintila na pupila luminosa
abrindo em música o sítio do abandono.
As veias das pétalas são palavras minúsculas.
A sombra se conhece em redonda suavidade.
A escrita respira onde o mar principia.

Dança

Dançam ligeiras nas varandas leves,
a nudez é para elas o veludo da pele
onde passa o sono e a sombra circular.
A nostalgia acende-se. Dilata-se a alegria.
As palavras respiram, obedecem aos anéis.
Boca aberta para a vogal inicial
que tudo pronuncia e nunca é pronunciada.
Deusa mais nua do que a noite, dúctil e concêntrica
deusa que modelas a perfeita forma e a desfazes
em miríades de formas incessantes. Génese
oval em que a carícia lavra em branco igual
até ao horizonte. Então o nada fulge
num côncavo habitável de aquática verdura.
Apagam-se, acendem-se os vasos da visão.
Ilumina-se o sono longínquo da matéria.

O CORPO E A LEITURA

É talvez o sopro do horizonte, talvez o vento
que abre a corola do ventre na leitura
em que a sombra canta. E repentinos
entre árvores e aromas de planetas,
num túmido tumulto os potros saltam.
A mão quase toca as hastes e as nervuras
de um país que aflora num deslumbramento.
Uma atenção de antenas mais subtil e livre
vai seguindo o canto em que se move o fundo
incandescente. De cada sombra líquida desenreda-se
o globo que é fogo e água e ar unificados.
A inumerável trama é todo o corpo aceso
que treme em cada linha. Os instrumentos
se desatam e erram e irradiam
em torno de uma falha ou de uma folha branca.

A verdade

A verdade é semelhante a uma adolescente
vibrante, flexível, em radiosa sombra.
Quando fala é a noite translúcida no mar
e a esfera germinal e os anéis da água.
Um apelo suave obstinado se adivinha.
Ela dorme tão perfeitamente despertada
que em si a verdade é o vazio. Ela aspira
à cegueira, ao eclipse, à travessia
dos espelhos até ao último astro. Ela sabe
que o muro está em si. Ela é a sede
e o sopro, a falha e a sombra fascinante.
Ela funda uma arquitectura volante
em suspensas superfícies ondulantes.
Ela é a que solicita e separa, delimita
e dissemina as sílabas solidárias.

Nascimento

Na sua pele azulada e branca de astros
estão os anéis em que se inscreve o universo.
As galáxias brilham nos seus olhos. O orvalho vibra.
Ela é o canto de todas as palavras, de todas as carícias.
Solidão e fogo, plenitude, espuma, velocidade ardente.
Quem escreve este corpo escreve o latido do sangue,
a cabeça estrelada, o calor delicado? Quem modela
metal ou música, silêncio vegetal, ondas, espaços?
Uma colina, um ombro. Uma cabeleira respira. Vertiginosa ternura.
O mundo principia leve sob uma imensa pálpebra.
Longínqua sempre no silêncio entreaberto
com a larga lentidão dos músculos dos rios,
tão semelhantes à terra em seus anéis de sombra e musgo
e de água e luz, e o mar nos seus joelhos.
Tu nasces dos seus flancos e da sua branca membrana.

A palavra

Eleva-se entre a espuma, verde e cristalina
e a alegria aviva-se em redonda ressonância.
O seu olhar é um sonho porque é um sopro indivisível
que reconhece e inventa a pluralidade delicada.
Ao longe e ao perto o horizonte treme entre os seus cílios.
Ela encanta-se. Adere, coincide com o ser mesmo
da coisa nomeada. O rosto da terra se renova.
Ela aflui em círculos desagregando, construindo.
Um ouvido desperta no ouvido, uma língua na língua.
Sobre si enrola o anel nupcial do universo.
O gérmen amadurece no seu corpo nascente.
Nas palavras que diz pulsa o desejo do mundo.
Move-se aqui e agora entre contornos vivos.
Ignora, esquece, sabe, vive ao nível do universo.
Na sua simplicidade terrestre há um ardor soberano.

A SUBSTÂNCIA DOS AMANTES

No escuro círculo em que se expande a ferida
palpita o abismo de uma forma feminina.
Que corpo de nebulosas e de cinza, uma árvore ainda?
Como semear neste corpo o esperma cintilante?
Toda a energia toda a ternura toda a chama
poderão reacender a substância dos amantes?
Aqui, na saliva do sabor, no vazio do gérmen,
a força cresce para abolir e renascer
na órbita do vento em seus flancos de horizonte.
Vermelha é a corola que se abre ao espaço inteiro.
Uma única pulsação de árvore liberta,
sílaba plena de água e sol numa boca silenciosa,
nascente que se enreda nas árvores, numa lua lúcida,
braços que poderiam abraçar a cintura da terra,
amor do fundo com sangue onde se reflecte o firmamento.

Caminho

Caminho sobre um rosto animal ou sobre um pulso.
Vejo as pedras do céu, uma lua vazia.
A ordem é a do vento ou de uma estrela nua.
Suspiro ou sílaba, todo o silêncio é fábula.
Oiço latir um seio entre figuras de argila.
Não conheço esta escada silenciosa
que estremece como uma frase de frágil sombra.
Não conheço este sabor de folhas obscuras.
Escuto vibrações monótonas da terra ressequida.
Sem ar, sem água, soluça uma lâmpada subterrânea.
Se alguém acaricia a terra ou adormece em suas águas,
liga e separa, liberta um rosto de folhas,
e um corpo simplifica-se numa nudez suave.
Se alguém sonha sobre um muro de pedra e com o vento
talvez descubra na sombra as palavras transparentes.

O PRESENTE ABSOLUTO

Duas bocas descobrem o veludo incandescente
e saboreiam o sabor perfeito de um fruto liso
que é um sumo do universo. Com a sua espuma constante
os amantes tecem uma abóbada leve de seda e espaço.
Vivem num volume cintilante o presente absoluto.
Corpos encerrados em superfícies delicadas
abrem-se como velas vermelhas e o calor brilha,
clareiras acendem-se numa tranquilidade branca,
os olhos embriagam-se de miríades de cores
e todos os vocábulos são recentes como o orvalho.
Criam a origem pela origem, num corpo duplo e uno,
transformam-se subindo morrendo em verde orgia,
inertes renascem de onda em onda radiantes,
reconhecem-se no vento que os expande e os dissolve,
o mundo é uma brecha um esplendor um redemoinho.

Descoberta

Ela procura o sílex e a pura sombra sossegada.
Um aroma nasce entre os cabelos, entre as páginas.
A cabeça ligeira inclina-se para uma incerta música.
Escreve com o seu hálito entre a espuma fugidia.
Sente o mundo rodar sob os seus pés, pressente o espaço.
Amanhece nos ombros ou é o mar nos ombros
e quase está no cimo. Ouvem-se pássaros silvestres
na espessura do estio. A sua garganta acende-se.
Quase feliz, beijada, ela descobre o mundo.
Sente o corpo vivo no vento, como um arbusto leve.
Já não existe e existe, o seu segredo abriu-se inteiro
no espaço. É um corpo quase transparente
que canta porque encontrou o mar. Não clama, não grita.
Toda a sua alegria é o silêncio de uma pedra ardente.
À beira de água é uma nuvem que se levanta de si mesma.

Um rio

Um rio entre as nuvens, um rio que tu ignoras,
um rio de mãos e de árvores, um rio de música
e de ilhas, um rio do alento, um rio de argila.
Delicadas formas na espuma e nas areias.
O corpo sente o vaivém melodioso e vazio.
São figuras que adormecem na luz entre os navios?
Quem vê, ama o segredo na evidência fugitiva.
A seiva respira a luz mais pura e mais ligeira.
O silêncio é uma atitude obscura e uma ponte,
a passagem de um olhar nos vales amorosos.
Conheço a linguagem da pedra e a linguagem da água.
Acumulo e desfaço, penetro e abro espaços.
Estas palavras são o movimento dos teus cílios.
Apreendo um fulgor, uma música quase imóvel.
Confundo-me com o rumor da tua vida que respira.

Encontro

Como nasceste? Amadurecia o mundo. Ó impaciência
alegre, ó aérea sombra do desejo, ó dura sede
dos teus brilhos gloriosos, ó cabeleira vibrante,
fogo que me consome, folha iluminada,
extensa como uma praia viva e oferecida.
Todo o mistério te envolve enquanto a terra gira
com uma suave cabeça. Não sei o que é morrer.
Que brancas estrelas num mar constante e puro!
Somos, estamos na luz e no silêncio, num tranquilo presente.
Rimos entre folhas verdes, no calor das pedras.
É a terra que ascende, que tu acaricias,
é um voo de dois corpos em vagarosos relâmpagos,
é a espuma que arde, é o ar na liberdade das pétalas.
Que leveza ardente para o cimo com os teus olhos lentos,
ó recém-nascida, ó ignorante, ó viva!

No vértice obscuro do encontro

Como se abre um corpo? Como as águas descem
da tua cintura, como as mãos cegas se incendeiam?
Até ao vértice escuro do encontro, até à terrível margem
da sede. Um negro peixe do fundo gira entre os limos.
Entro no redemoinho: toda a sombra é meu corpo.
Eleva-se o amor com seus tentáculos para fundar a vertigem.
Quem cai em mim, quem ascende em minhas veias?
Obscura é a gruta, obscuras as delícias.
Um odor perfeito, um odor animal desprende-se da terra.
As raízes do corpo têm a força dos deuses.
Como se conquistássemos uma colina próxima do sol,
somos um corpo na veemente limpidez da água.
Distinguimos na luz uma luz desconhecida.
Que nitidez de alegria nas veias silenciosas!
Das gargantas da sombra sobem folhas ligeiras.

A FESTA DO SILÊNCIO

Escuto na palavra a festa do silêncio.
Tudo está no seu sítio. As aparências apagaram-se.
As coisas vacilam tão próximas de si mesmas.
Concentram-se, dilatam-se as ondas silenciosas.
É o vazio ou o cimo? É um pomar de espuma.
Uma criança brinca nas dunas, o tempo acaricia,
o ar prolonga. A brancura é o caminho.
Surpresa e não surpresa: a simples respiração.
Relações, variações, nada mais. Nada se cria.
Vamos e vimos. Algo inunda, incendeia, recomeça.
Nada é inacessível no silêncio ou no poema.
É aqui a abóbada transparente, o vento principia.
No centro do dia há uma fonte de água clara.
Se digo árvore a árvore em mim respira.
Vivo na delícia nua da inocência aberta.

A MULHER

Se é clara a luz desta vermelha margem
é porque dela se ergue uma figura nua
e o silêncio é recente e todavia antigo
enquanto se penteia na sombra da folhagem.
Que longe é ver tão perto o centro da frescura
e as linhas calmas e as brisas sossegadas!
O que ela pensa é só vagar, um ser só espaço
que no umbigo principia e fulge em transparência.
Numa deriva imóvel, o seu hálito é o tempo
que em espiral circula ao ritmo da origem.
Ela é a amante que concebe o ser no seu ouvido, na corola
do vento. Osmose branca, embriaguez vertiginosa.
O seu sorriso é a distância fluida, a subtileza do ar.
Quase dorme no suave clamor e se dissipa
e nasce do esquecimento como um sopro indivisível.

A MULHER DO ESPAÇO

Tua ardente harmonia, tua felicidade aérea
é o sonho súbito do ser, o seu sangue perfeito.
Estendes-te muito alto, muito baixo: nascente
subterrânea, sopro de asas. Suavidade oval.
Vibras repentina na fluência perfumada.
És um sonho do ar e uma palavra que inicia
com um sabor completo. As coisas aparecem
como dentro de ti, veladas, luminosas.
Como se dissipam lentas as tuas órbitas ligeiras!
Num acto puro rodas à volta do vazio
tão fundo e tão azul e nem sequer estremeces
e és uma ausência branca que acalma e que deslumbra.
Que hálitos, que rumores flexíveis e sedosos!
Em círculos a nudez demora-se em desejos
onde tudo é abolido e tudo principia.

Na esfera do repouso

Abre-se o ventre ubiquamente no repouso
que o arqueia e estende ao horizonte.
Como regressa ao seio, como descansa
erguendo a torre branca no lugar do abismo!
Como uma só concha com os redondos membros
abre todo o espaço de velas harmoniosas.
Sossegado navio entre ramos e sombras.
Revolução lenta e clara entre colinas.
Move-se o fundo num vagar de anoitecer.
Alguém dorme na imóvel residência?
Na esfera em que repousa o pensamento é água
e feliz na luz que passa com o vento.
Nela se habita o vagar da roda rescendente.
O coração sabe que ama e vive, o desejo conhece
a cintura da terra entre as águas abertas.

Corpo na clareira

O sol repousa sobre os teus ombros, sobre as folhas
que te inundam, os teus pensamentos deslizam como a água
e há um silêncio há uma ferida há uma sombra que passa
o teu corpo na clareira é uma onda e um fruto.
É um sabor da luz é uma palavra e uma árvore.
Toco a tua pele de musgo, a cicatriz resplandecente.
És imensa e delicada entre incêndios errantes.
Como um desenho de água, como uma haste do tempo.
Que sossego o teu sexo entre pássaros e sombras!
Quero ouvir o que dizes, o teu silêncio de água,
quero ouvir o teu rio de sangue, o pulsar da tua noite.
Como um perfume que ascende, como uma onda que avança,
o teu silêncio é o teu grito, uma torre abandonada.
São quase palavras amantes de um alento sem destino,
são latidos negros que sobem numa espiral indecisa.

Desperta a nudez

Desperta a nudez espalha-se o silêncio
e a nostalgia acende-se como uma sombra clara.
Tudo o que vemos é longe entre margens de sono.
Arde e repousa a casa numa frescura imensa.
Inclinam-se os campos à memória mais antiga.
É a ausência que sabe em transparência líquida
a ternura mais funda das águas esquecidas.
Que júbilo de lâmpadas, de ervas e de rodas
brancas nos caminhos, que frescura tão limpa!
A solidão levanta os ombros e carrega
os volumes vazios da agonia. Toda a substância
se aligeira e desnuda na espessura.
Ver é quase nascer e ver ondear o vento.
Há uma presença branca de uma nuvem esquecida.
Alto, uma linha de silêncio se ilumina.

A CASA

A casa em si pousa e esquecendo doura
as vertentes da sombra e o seu sono move-se
entre ramagens antigas e o mundo arredonda-se
tão funda em si de ser só paciência obscura
de um astro que singra na solidão azul.
Quanto pensar de suaves arvoredos,
quanto timbre de ser o quanto vemos
e, crescendo a atenção, subir ao cimo
onde não há ninguém na alta e limpa
nudez de tudo ver na madurez violeta.
Estamos perto do fogo e na vigília
em que vem acima o que não é ainda
e imóvel cresce para dentro no silêncio
como um desejo que em si mesmo se completa
na virgindade acesa de uma casa tranquila.

A MULHER QUE MEDITA AÉREA

Esparsa e prateada com a palma erguida
aérea e vagarosa no sono cintilante
em que medita a nudez de ser como uma lâmpada
até ao fundo em nostalgia ondeia
e a claridade irisa e abre-se ao silêncio.
Ilumina-se no círculo de um mistério verde.
É livre no ligeiro equilíbrio de um vigor
que vem das folhas e do ar e quase voa
em reverência ardente ao que está sendo
em transparência nua e em arcos de frescura.
Demora inclinada sobre as águas incandescentes
numa alegria branca e grita inteiramente.
Demora e respira a brisa que inebria
e limpa. Pelo espaço alarga a sua esfera
e decanta na penumbra a paz que se aclara.

O CORPO LÚCIDO

No sítio onde se desenha o sono e a solidão
se perfaz o reino. Somos altura e atenção de antena
no corpo lúcido que se compenetra
no ardor de estar abrindo-se a um poder imenso
e circular que o liga à clareira incandescente.
Conhecemos o inviolável nos seus anéis e lâmpadas
e frutos. Estremecemos na passagem imóvel
em uníssono com as recém-nascidas vozes
que ténues sobem de um planeta verde.
Cada onda se eleva lenta e arredonda
e reúne o ouro e a tristeza num profuso
círculo. Aqui a atenção se esquece e ilumina
as sombras mais distantes, e o vento insufla
a embriaguez de estar sendo apenas uma folha
que estremece ao alto, acesa e frágil.

Estendida sobre a idade

Estendida sobre a idade sente-se germinar
na solidão que está sendo até ao horizonte
pura virtualidade que ondula interminavelmente
no ardor feliz em que o pensamento limpa
de si o que não é timbre ou transparência ou água.
Consuma-se carregada de aromas e de ócio
tão por fora de si que a embriaga a terra
a que se enlaça na verdura intensa
ao encontrar cada vez muito mais perto
o longe a que aspirava em busca de si mesma.
Espraia-se em paz de ardente imensidade
o seu desejo é tempo espaço movimento.
Tudo é claro porque tudo o que a habita é campo livre
e um sono que vem da luz e da folhagem canta.
Irrigam-se os veios do verão e todo o azul é sítio.

NA TRANSPARÊNCIA DA SOMBRA

Dorme na transparência da sombra ignorante
de ser a própria fonte inebriante e a área
que é um estremecimento do centro até ao círculo.
Vê-la é ver do fundo olvido a nudez ardente.
Ilumina-se um sabor e a inteligência é de vento.
Que volúvel é o brilho de tudo quanto vê!
Contempla em vivas curvas a liberdade do fogo.
Forma o mundo de si, no seu vagar maravilhoso.
Está feliz vendo e em cada coisa repousando
cada vez mais terra numa inocência vegetal.
Andar com ela será ser a transparência intacta
ou sereno errar num espaço de atenção.
Em torno dela o mundo é um pomar unânime.
Quem se abre mais imóvel mais fluido
à magnífica ubiquidade do seu silêncio?

Antes que tudo seja

Por ela os animais entram tão íntimos e lentos
no insondado centro onde invisíveis pastam.
Que clemência antiga, que cuidados suaves!
Sente uma alegria obscura, uma quase íntima glória.
Está assim contemplando a substância da inocência
e suspendendo intensos os círculos do desejo
treme da fome de ser em tudo antes que tudo
seja. Vê o inviolável por onde se move nua.
O orvalho cintila sobre os seus cabelos, os animais jubilam.
Descobre-se tão perto de onde está que principia.
Acende-se e já não sonha porque tudo é sempre o corpo
que liberta o lamento e a apaga e a levanta
e a leva por espaços transparentes onde o sopro
parece só sonhado e é o hálito da terra
que na simplicidade coroa a volúpia do desejo.

Há um amor

Há um amor que ainda não ama na ausência
em que perdido está em insondável tristeza
e tão fundo e tão longe que perde os montes
e as árvores e o inefável reino
que de súbito dourasse à passagem de uma nuvem.
À volta dele ninguém, uma varanda vazia
e o halo do esquecimento, o silêncio sem lugar.
Perdeu-se o timbre das coisas e a sombra violeta.
E dilacera-se sem espaço em cada imagem.
Tudo dói, tudo passa. Já não se acende estar.
O mundo não assenta. O amor não principia.
Onde é nascer? Onde o corpo ao longe se ilumina.
Onde a própria tristeza deslumbra e se constela.
O sonho está nas pedras, o sonho está nas folhas.
O amor descobre em tudo a substância aberta.

Extremamente nua

Extremamente nua. E através dela a sombra
luminosa, a mais íntima coisa e a mais externa,
que aflora em ondas e folhas vulneráveis,
exposta como a lua na sua incerta malícia.
Ela é a ilusão essencial e completamente física
entre nuvens e árvores, entre pedras e ondas.
Quando a conhecemos dir-se-ia que anoitece
e que na escuridão entramos, num turbilhão de espuma.
São dela as imaculadas sílabas, o frágil timbre
cristalino, a delícia subtil dos lábios e do sexo.
Tocá-la é concebê-la na indolência perfeita
e com as palavras do mundo dizer a vida do mundo.
O real é uma invenção deste opaco amplexo
em que o prodígio é a simplicidade e a opulência
de uma ignorância que habita a medula dos sentidos.

MARAVILHA BREVE

Exala um odor a ervas e a lâmpadas.
Sabe à luz e ao voo de uma nuvem cintilante.
Por ela vemos um mundo de água clara
e a melancolia de uma memória amante.
Com ela o instante é a maravilha breve
em que a nudez sorri. Simplicidade completa
e a frescura frágil. O movimento doce
com que se inclina é onde o azul começa.
Ela estremece como uma lâmpada entre as folhas.
As suas mãos irradiam sombras ou carícias.
Que sabor a folhas do mar, que sabor a brisa
quando flutuando os nomes inebria
e os levanta e limpa com a sombra
através do silêncio do deserto
na claridade de um puro nascimento.

Apenas um tremor

Vai-se tecendo a paz num caos contemplado
em que nada se retém à roda do vazio
senão o que o desejo suspende e inicia
para não ser mais que o movimento calmo
numa concha de sono vagarosa e vazia.
Apenas uma sílaba, um relâmpago subtil
abriu no seio da luz uma luz mais nua.
Uma nascente, um caminho? Apenas um tremor
em que tudo desperta em minúcias de alegria.
A página está vazia, ninguém fala na casa.
Vai-se tecendo a paz de uma lisura antiga
e a sombra do desejo é um movimento branco
que move obscuras sílabas e levanta o vento
que passa devagar e vai pousando dentro
da alegria calma em que repousa a casa.

Uma sombra

Perto do corpo, perto da alegria. Nasceu uma sombra
e abriu-se. E habitei-a bebendo a água limpa.
Era uma corola de sombra e um bosque de silêncio.
Quem cantava? Era o silêncio ou era um eco?
Dormi na água da sombra, numa clara solidão.
Nada me separava da terra, era uma lâmpada oculta
e iluminada pela sombra. Estendi-me na casa
e fluí abandonado nas suas veias verdes.
Entrava na água, entrava nos lábios da sombra
e o corpo abriu-se à frescura do olvido
num campo completo. Era o cristal da noite
e uma tristeza alta e transparente. Era um arco
de espuma entre as ervas e as pedras.
Quem cantava? Era uma semente no escuro,
era talvez o ser aberto oculto na sua sombra.

O TEMPO

Que dizer quando o tempo se esquece e há um nimbo
verde que abriga num claro sortilégio?
Estamos tão atentos que vemos os minúsculos
matizes. É talvez a nascente que cintila.
O sangue ascende até ao cimo das árvores.
Todo o mundo é música de água ou transparência.
A inteligência é o sabor completo do silêncio.
Onde estamos é a insondável delicadeza de uma estrela.
A criança está com a mãe numa nebulosa dourada.
O desejo de união encontra a terra fluída.
Alguns sons vêm da sombra e formam uma esfera.
Algumas palavras se juntam e são pétalas abertas.
Todo o nosso saber é uma ignorância fértil.
O ritmo das nuvens ordena as nossas mesas.
Por toda a parte radiosos, minúsculos afluentes.

Oscilando na ligeireza

Urdindo talvez a água e as lâmpadas de madeira.
Abandonando ao ócio o tempo e as suas rodas cinzentas.
Oscilando na ligeireza, aliado ao vigor da sombra.
Linhas, linhas em radiações vagarosas, lúcidas.
A orfandade encontrou a clareira harmoniosa.
Em uníssono com a folhagem numa suavidade de seda
penetro num prisma onde tudo é reverência.
Carícias e carícias lavam o corpo ferido.
O ouro mais vibrante sai de incessantes ilhas.
Já não luto. Dilato-me. Pertenço.
Outros nomes, outros frémitos, noutros campos
que uma inteligência de dança transformou.
Escuto milhares de folhas e não palavras surdas.
Um declive me aspira num espaço adolescente.
Tenho a facilidade verde e a volúpia das vogais.

O EFÉMERO PARAÍSO

Um mundo onde a ignorância é primavera
onde a alegria estremece deslumbrada
por um país que é um efémero paraíso
que se demora até ao fundo de uma esfera
por onde tudo se liberta com o vento e aclara.
O inalterável resplandece numa concha cristalina.
O próprio sopro é o movimento e as torrentes vibram.
Tudo se completa na unidade do silêncio.
Respira-se a folhagem com uma inteligência nova.
As linhas íntimas brilham na sombra do ar.
Um campo intenso recebe a grande luz. As sombras
cintilam na lucidez do repouso. A página abre-se.
Por graciosos canais circula o sentido iminente.
Uma única sílaba se respira ágil e leve.
Uma árvore marinha dá a resposta branca.

SOBRE O SEU SONO ARDENTE

Sobre o seu sono ardente, sobre o seu corpo
sonoro, esta dança da escrita, esta obscura
mão. Entre um vaso de sangue e um vaso de cinza
o poema ergue uma arcada branca. Como a fuga de um pássaro
a palavra levanta-se dos ombros, o mundo recomeça.
Tão fluida é a felicidade das sílabas, tão lúcidas
as câmaras onde se anuncia o sangue. Tão claro é o ritmo
por um nome silencioso que circula em minhas veias.
Já não sonho, conheço o gérmen e a sua dança imóvel,
durmo nas virilhas de uma ilha incandescente.
Recebo as ondas da inteligência mais suave,
a água do seu corpo é mais leve que a das árvores.
O mundo dança em torno da sua cintura verde.
Uma sede se desenha nos vocábulos vibrantes.
O olhar vê com a boca o ouro azul.

O espelho do invisível de José Terra

O teu canto orienta-se entre deuses e monstros,
tenso e lúcido, com a força explosiva
da flecha que penetra no incógnito. É um tumulto,
um fogo comprimido e fulge rigoroso
em palavras nuas que cindem o obscuro.
Procuras o claro dia, a noite intacta
e o espaço em que te abras e a alegria
que não é dos deuses, procuras sob o sono
e sob a pele da noite, o obscuro fogo
ou talvez um rumor subterrâneo e lúcido.
Escreves sobre a pedra, incides na espessura
da pedra. Aderes ao objecto com um toque
subtil e grave, e um núcleo arde
para além de tudo o que detectam nossos dedos,
um sopro, uma chama, um rosto, um amoroso sono.

A SOMBRA QUE DESEJA E ESCREVE

Sou a sombra que deseja e sou a sombra que te escreve
entre a saliva suave e o metal da alegria.
Giram as laranjas de fogo, as gargantas, as ondas.
O teu corpo é um arbusto violento, um animal vibrante.
Quero ser a espuma dos teus ombros, o canto dos teus músculos.
Toco a madeira dos teus flancos límpidos, bebo
as sílabas de um pequeno bosque, ardo na sombra
do teu sangue, escrevo os latidos do teu sexo,
escrevo as últimas lâmpadas do teu corpo,
acaricio sombras e sombras entre espumas.
Escrevo agora a sombra mais feliz das veias sossegadas.
Abrem-se as portas delicadas de um jardim.
A substância mais frágil é o silêncio do corpo.
Leio as sílabas lisas do repouso.
Estou no centro de uma estrela sou o seu obscuro ardor.

Eu vi o corpo em fogo

Eu vi o ouro e o desenho de água que vibrava
em suaves membros, em veios de alegria,
e numa trança cintilante e curva. Vi o corpo em fogo
e vi a sua música, a transparência ardente e alta,
as suas sílabas fulvas, as suas lâmpadas verdes.
Era um incêndio claro e uma vertigem lenta
e uma melodia vagarosa, aérea
e um riso da folhagem e uma coluna transparente.
Não era a cinza trémula, nem uma obscura pomba.
Era uma lisura de estar nos seus contornos leves
e um ardor feliz de lâmpada que descia
num gracioso vagar uma colina repousada.
Acendia-se o lugar que somos na matéria amorosa
e as nascentes jorravam num delírio de brancura.
As palavras renasciam nas sílabas vermelhas.

O CORPO NA FOLHAGEM

O corpo está na folhagem, na difusa
madurez. Conhece a alegria da argila
e os violinos verdes da terra. Entre a luz antiga
e a sombra, está na paz que ilumina os nomes.
Ouve os rumores confusos que tornam a solidão feliz.
Com o vento oscilam os vestígios ilegíveis.
Uma porta sempre fresca abre-se continuamente.
Como é suave a cinza do seu olhar na brisa!
Toca a pedra e ela responde com um sortilégio limpo.
Escreve com a brancura das pálpebras dos pássaros.
Não, tu não existes e existes, ó vivo ser!
Giras como os amantes em luminosos anéis.
Nas mãos o impalpável, as minúsculas estrelas de pólen.
A realidade é um bosque onde estremece a tua ausência.
Tu és o pássaro que atravessa a pedra opaca.

Génese

Ouço dentro da água as calmas revoluções
e vejo os músculos de um texto em ritmo de ressaca.
Este é o rigor primeiro de um turbilhão compacto.
Todas as relações vibram enquanto a luz respira.
Um espaço se descobre onde não havia espaço.
Largos caminhos nascem sob o pulso do vento.
Uma cabeça límpida deambula entre as artérias verdes.
O que eu amo é a sede e o rigor do esquecimento.
A vista quase se apaga numa visão tão nua.
Os gestos e os aromas ondulam entre as sombras.
Que rumores tão lisos, que silêncio vegetal!
Talvez dentro do ouvido azul de um deus.
Um corpo germina em movimentos de palma.
Outro se consome numa folhagem de fogo.
Outro dorme como uma arma branca sobre a areia.

A NUDEZ DAS PALAVRAS

A nudez das palavras como o único caminho,
o múltiplo caminho em que a sombra explode
deslumbrada. Dizer a ignorância da terra
e a profundidade da ausência no seu inabitável
silêncio. Uma falha secreta permanece sempre
aberta. Que indefinido sinal poderá surgir
do ilegível? Tudo está suspenso no vazio.
Onde a espuma, onde a respiração profusa
do mistério? Porque não recolhe o ar
o desejo de um início e o repouso da origem?
Palavras, palavras ainda mais nuas com a pureza do húmus
e a luz das pedras. Palavras para a ausência e o abandono.
Para o pouco e o nada, para a sobriedade do silêncio.
No coração do vazio há uma claridade que inicia.
Prepara-te para a aliança na vacuidade da tua morada.

Um astro

Ouve a longa incoerência da palavra e a memória
do sangue que se apaga. Ouve a terra taciturna.
Tudo é furtivo e as sombras não acolhem. Nenhum jardim
de segredos. Nenhuma pátria entre as ervas e a areia.
Onde é que nasce a sombra e a claridade?
Eis as vertentes da terra árida e negra. Quem
reconhece o equilíbrio das evidências serenas?
Estas palavras têm o odor de portas enterradas.
Como dominar a desmesura da ausência e a vertigem?
Como reunir o obscuro em palavras evidentes?
Escuta, escuta a longa incoerência da terra
e da palavra. Ao longo da distância
murmura a perfeição monótona de um mar.
Num pudor de esquecimento um astro se aveluda
em denso azul na corola do silêncio.

Este livro foi composto em Garamond, em papel pólen soft,
para a Editora Moinhos, enquanto Obá Obá cantava *Metá Metá*.
Era madrugada, 2019, e hoje um país lutou pela direto à educação.